Devocionales para ti mujer

Encontrar A Dios En La Vida Cotidiana

CHOU HALLEGRA

Encontrar A Dios En La Vida Cotidiana

Devocionales para mujeres

por Chou Hallegra

ISBN: 9798846741751

Impreso en los Estados Unidos de América

¿Vas por la vida pensando que «las cosas pequeñas» son tuyas y que «las cosas difíciles» son solo molestias para tu comodidad y alegría? Es hora de que lo pienses de nuevo.

En Encontrar A Dios En La Vida Cotidiana, Chou Hallegra escribe sobre sus experiencias cotidianas como mujer y madre y cómo le han ayudado a entender mejor las verdades bíblicas. Las secciones «Profundiza» ofrecen un espacio para que los lectores reflexionen sobre cómo pueden aplicar esas mismas verdades bíblicas en sus propias vidas.

Si tú eres una mujer que desea encontrar y ver a Dios a través de tu vida cotidiana, ¡este libro devocional es para ti! Te ayudará a aplicar las verdades bíblicas en las cosas pequeñas y difíciles para que puedas crecer en tu relación con Dios.

¿Para Quién Es Este Libro?

Este libro es para todas las mujeres, sin importar en qué etapa de la vida se encuentren.

Es para la mujer que quiere encontrar a Dios en su vida.

Para la mujer que quiere ver a Dios en todo lo que hace.

Este libro es para la mujer que cree que cada momento es un «momento con Dios».

Para la mujer que busca lo sagrado durante lo mundano.

Este libro es para la mujer que quiere crecer en su relación con Dios.

¡Este libro es para ti!

¡Gracias!

Gracias a los que se tomaron el tiempo de corregir y editar cada página de este libro.

Gracias a los que rezaron por mí y por este proyecto.

Gracias a los que me ayudaron a cuidar a mis hijos para que yo tuviera tiempo de poder escribir.

Gracias a los que me inspiran cada día a creer más, soñar más, hacer más y ser más.

Gracias a los que me han guiado en mi camino con el Señor para que pueda compartir estas verdades con otros.

Gracias a mis increíbles hijos que me enseñan cada día.

Gracias a mis lectores, que me motivan a seguir escribiendo.

Contenido

Tenga en cuenta que todas las referencias bíblicas citadas en este libro son de la Nueva Versión Internacional.

Entonces Lo Conocí

"Fue bueno para mí ser afligido para que pudiera aprender tus decretos". Salmo 119:71

En la enfermedad encontré al Sanador. En el dolor encontré al Consolador. En la soledad encontré al Amigo fiel. En la necesidad encontré al Proveedor.

Todos estamos de acuerdo en que, mientras vivamos, tendremos problemas. No importa el rango social, la situación económica, el sexo o la nacionalidad, todos nos enfrentamos a veces a dificultades. Muchas veces nos disgustan nuestros inconvenientes, nuestras enfermedades y todas las demás cosas malas que nos ocurren. Pero parece que olvidamos que es en esos momentos cuando aprendemos a confiar más en Dios y nuestra relación con Él se hace más profunda.

Cuando citamos algo de la Biblia, creemos en ella. Cuando lo vivimos, ganamos más confianza, más fe, más devoción y más amor que surge de una experiencia personal. En definitiva, conseguimos un encuentro con el Señor y es entonces cuando la Palabra se hace vida en nosotros.

Como María Magdalena, podemos entonces gritar «Lo vimos» y nadie podrá callarnos porque sabremos sin lugar a dudas que Él es quien dijo ser. Dios busca una relación personal con nosotros y no rituales o mera religión y es a menudo en las dificultades que aprendemos más sobre quién es Él. Nuestras pruebas pueden ayudarnos a ver a Jesús.

"Considerad pura alegría, hermanos míos, cuando os enfrentéis a pruebas de muchas clases". Santiago 1:2

Profundicemos un poquito más

1) ¿Qué dificultades de tu vida te han venido a la mente al leer el texto anterior?

2) ¿Qué has aprendido de ti y de Dios en esos momentos difíciles?

3) ¿Podrías tomarte un momento y agradecer a Dios por las lecciones aprendidas?

____

____

____

____

____

____

____

____

____

____

____

Oración: Señor, te doy las gracias por estar presente en los momentos difíciles y por ayudarme a confiar en ti. Gracias por ser fiel y por revelar continuamente más de lo que eres mientras viajamos juntos por la vida. En el nombre de Jesús, ¡amén!

¿Quién Lo Hizo?

«Y el Señor dijo: ... "¿Has comido del árbol del que te mandé no comer?" El hombre respondió: "La mujer que pusiste aquí conmigo me dio un poco de fruto del árbol, y lo comí"». Génesis 3:10-13

«¿Quién dejó estos juguetes en el suelo?»

«No son míos»

«¡Yo no!»

Esta conversación ocurre en mi casa casi todos los días. Mi hija de ocho años incluso niega sus pertenencias personales solo para no tener que recogerlas. Entonces su hermano de casi tres años niega tener algo que ver con el desorden. Culpa a su hermano de nueve meses de todo.

Al menos en mi casa, el hijo mayor siempre parece echar la culpa al menor.

Los niños no son los únicos que actúan así. A nadie le gusta admitir que se equivoca. Analizar nuestros comportamientos y asumir la responsabilidad de nuestras acciones es algo difícil de hacer. Sin embargo, cuando ponemos nuestras vidas a la luz de las Escrituras, empezamos a ver el estado actual de nuestra mente, corazón y alma. Seamos responsables y reconozcamos nuestros errores para que Cristo pueda ayudarnos.

"El que oculta sus pecados no prospera, pero el que los confiesa y renuncia a ellos encuentra misericordia". Proverbios 28:13

Profundicemos un poquito más

1) ¿Encuentras excusas/razones por las que haces ciertas cosas en lugar de reconocer tus acciones? Tómate un momento para ser honesto y confesar esas cosas a Dios.

____
____
____
____
____
____
____
____
____

2) ¿Alguna de estas acciones ha afectado a otros? Si es así, ¿cuáles y qué puedes hacer para responsabilizarte por ellas?

____
____
____
____
____
____
____

Oración: Querido Señor, vengo tal como soy a pedirte perdón. Siento no haber asumido la responsabilidad de mis actos. Por favor, ayúdame a hacerlo mejor en el futuro. En el nombre de Jesús, ¡Amén!

Un Propósito Mayor

"Así que no fuiste tú quien me envió aquí, sino Dios; y Él me ha hecho padre del Faraón, y señor de toda su casa, y gobernante en toda toda la tierra de Egipto". Génesis 45:8

Cuando era más pequeña, mi hija no fue aceptada en un preescolar porque la clase estaba llena. Eso me decepcionó mucho. El hecho de no tener guardería era un obstáculo para otras cosas que planeaba realizar ese año y, como nuestros planes cambiaron, viajamos a África y nos quedamos allí unos meses.

Una vez allí, pude entablar relaciones con algunas mujeres a las que sigo ministrando hasta hoy, cinco años después. Estas mujeres no me estarían confiando sus problemas hoy en día si no hubiéramos pasado este tiempo juntos.

Cuando volvimos de nuestro viaje, el preescolar tenía una plaza disponible para mi hija. Si esto hubiera ocurrido al principio del curso escolar, nunca habría hecho ese viaje a África y nunca habría conocido a esas mujeres.

¿Te imaginas estar en la situación de José? Sus hermanos lo vendieron como esclavo, luego la mujer de Potifar dijo una mentira sobre él y acabó en la cárcel. Una vez allí, alguien a quien consideraba un amigo se olvidó de abogar por él para que pudiera salir de la cárcel. La historia de José está llena de traiciones.

Sin embargo, si no hubiera sido vendido, ¿quién sabe si José hubiera entrado en la tierra de Egipto y hubiera sido puesto en una posición de poder tal que pudiera salvar a su pueblo del hambre? Si no hubiera estado en Egipto, no habría sido puesto a cargo de los asuntos del rey y, como resultado, a cargo de todo el país.

Si no hubiera estado en la cárcel, el rey y todos los demás nunca habrían sabido que el Dios de José era tan poderoso y real que permitía a José interpretar los sueños. Lo que parecía una traición se convirtió en una forma de mostrar el poder de Dios.

"Y sabemos que en todas las cosas Dios obra para el bien de los que le aman, que han sido llamados según su propósito". Romanos 8:28

Profundicemos un poquito más

1) ¿Has tenido alguna vez un cambio de planes inesperado? ¿Qué planeaste y qué te hizo cambiarlos?

2) ¿Cómo utilizó Dios esa situación para mostrar su gloria?

Oración: Querido Señor, gracias por hacer que todas las cosas funcionen para mi bien. Ayúdame a ver cómo estás usando todo lo que ha sucedido en mi vida para un propósito mayor. En el nombre de Jesús, ¡Amén!

Perdonados Para Que Podamos Perdonar

"Sed amables y compasivos unos con otros, perdonándoos mutuamente, como en Cristo Dios os perdonó". Efesios 4:32

¿Recuerdas al hombre de la Biblia al que le cancelaron una gran deuda, pero que luego hizo que arrestaran a otra persona por deberle una deuda mucho menor? Suelo ser amable con mis hijos cuando desordenan la casa, pero se les puede oír a una manzana de distancia cuando uno saca algo de la habitación de otro.

Tal vez nuestras deudas financieras no hayan sido canceladas, aunque eso sería una gran bendición para muchos de nosotros. Pero Cristo pagó por todos nuestros pecados, pasados, presentes y futuros cuando murió en la cruz. Sin embargo, nos cuesta perdonar a la persona que nos corta el paso en el tráfico, al profesor que se olvida de enviar la hoja de permiso a casa o al cajero que tarda una eternidad en escanear nuestras compras.

Algunas ofensas dejan heridas más profundas que esas. Durante años, luché por perdonar al hombre que se aprovechó de mí cuando tenía 17 años y al familiar que durante años me hizo sentir indeseada. Estas cosas dejaron heridas profundas que a veces todavía pueden afectar a la forma en que interactúo con los demás hoy en día. Mucha oración y asesoramiento me ayudaron a sanar de estas dolorosas experiencias para que ya no gobiernen mi vida.

Tal vez me resultaba difícil perdonar porque no me daba cuenta de cuánto me amaba Dios. Comprender el amor de Dios por mí me permite ser más amable y compasivo con los demás. Puede que no haya hecho las mismas cosas que me hicieron a mí, pero muchas veces y de muchas otras maneras, he pecado contra Dios.

Perdonar es difícil, pero no perdonar es aún más difícil. Cuando perdonamos, extendemos el mismo amor que se ha extendido a nosotros. Perdonar no es avalar la ofensa sino renunciar al derecho de venganza para que Dios pueda administrar su justo juicio.

"Porque si perdonáis a los demás cuando pecan contra vosotros, vuestro Padre celestial también os perdonará a vosotros".

Mateo 6:14

Profundicemos un poquito más

1) ¿Tienes algún agravio contra alguien? Tómate el tiempo de procesar lo que más te duele de esta ofensa.

2) ¿Qué crees que pasaría si decidieras perdonar a la persona responsable de ese agravio?

3) A la luz de cómo Dios te extendió el perdón, ¿estás dispuesto a perdonar?

____

____

____

____

____

____

____

Oración: Señor, el dolor que otros causaron realmente duele y me es difícil dejarlo ir. Tú perdonas todos mis pecados, así que elijo perdonar a los demás. Ayúdame a hacerlo realidad. En el nombre de Jesús, ¡Amén!

Dios Proveerá

"Mirad las aves del cielo: no siembran, ni cosechan, ni almacenan en graneros, y sin embargo vuestro Padre celestial las alimenta. ¿No sois vosotros mucho más valiosos que ellas? ¿Acaso alguno de vosotros puede añadir una sola hora a su vida con su preocupación?"

Mateo 6:26-27

Estábamos en el aparcamiento dando vueltas porque no había plazas disponibles. Por fin encontramos un sitio libre justo cuando yo empezaba a frustrarme. Entonces mi hija gritó: «¡Ves mamá, Dios proveerá!». A veces los niños pequeños lo entienden más rápido y mejor que los adultos. No es de extrañar que Jesús dijera que las personas con fe infantil entrarán en su reino.

Desde aquella experiencia en el aparcamiento, mi hija y yo nos acostumbramos a gritar "¡Dios proveerá!" cada vez que nuestra familia tiene una necesidad. Esa fe infantil hizo que los milagros ocurrieran una y otra vez en nuestra familia. Sin embargo, hay veces que todavía me preocupo. ¿Quién cuidará a mis hijos para que yo pueda asistir a una conferencia de trabajo? ¿Cómo podré ocuparme de esto o aquello?

El Señor siempre cuida de sus hijos cuando confían en Él. Hay veces que las oraciones relacionadas con nuestros deseos no son contestadas, pero son solo eso, deseos, y no necesidades. Ten la seguridad de que Dios te tiene cubierto y toda tu vida está en sus manos.

"Y mi Dios satisfará todas vuestras necesidades según las riquezas de su gloria en Cristo Jesús". Filipenses 4:19

Profundicemos un poquito más

1) ¿Cómo te ha provisto Dios en el pasado?

____
____
____
____
____
____
____
____
____

2) ¿Qué necesidades tienes en este momento? ¿Cómo serían las cosas si confiaras en Dios para satisfacer esas necesidades?

____
____
____
____
____
____
____
____
____
____

Oración: Señor, tú has provisto para mí una y otra vez. Te traigo estas necesidades que tengo y confío en que me proveerás una vez más. Gracias por ser mi proveedor. En el nombre de Jesús, ¡Amén!

Hay Un Tiempo Para Todo

"Hay un tiempo para todo, y una estación para cada actividad bajo los cielos".

Eclesiastés 3:1

A veces tengo que asegurarme de que mi hija no pierda el autobús mientras también me preocupo por dejar a mi segundo hijo en la guardería con la suficiente antelación para poder llegar a tiempo a la cita con el médico de mi hijo menor. «¡Deprisa, deprisa!» es una frase habitual en nuestra casa, hasta el punto de que los niños la dicen incluso cuando yo no lo hago.

Me siento tan frustrada conmigo misma por ir siempre con prisas, pero a veces parece que ni siquiera el hecho de levantarse más temprano supone una diferencia. Es en esos días en los que el bebé decide tener un arrebato mientras me dirijo a la puerta —¿es que no podía guardárselo a la cuidadora de la guardería?, o mi hijo grita «¡me he olvidado los deberes!». —si lo hubiera dicho antes, no tendría que darme la vuelta 15 minutos después de salir de casa y llevar 30 minutos de retraso—.

Soy una planificadora, al menos quiero creer que lo soy. Pongo las cosas en mi calendario para poder planificar con antelación. Tengo listas de tareas para no olvidar lo que hay que hacer. Sin embargo, siempre me falta tiempo, así que me he convertido en una experta en la multitarea, aunque siempre siento que no puedo hacerlo todo.

Aprender a no preocuparse por lo que se puede hacer mañana es algo difícil de hacer. A veces, es mejor simplemente tomar las cosas un día a la vez, un segundo a la vez incluso, en lugar de tratar de hacerlo todo a la vez. Es entonces cuando necesitamos apoyarnos en el Señor y admitir que toda nuestra planificación y organización no nos dará la fuerza que necesitamos para hacer todo lo que debemos hacer cada día.

"Todo lo puedo hacer por medio de aquel que me da fuerzas". Filipenses 4:13

Profundicemos un poquito más

1) ¿Cuáles son algunas de las cosas que tiene que hacer de forma rutinaria, pero que parece que nunca se hacen con la rapidez que esperaría?

2) ¿Es necesario hacer estas cosas a la hora que has fijado? ¿Qué pasaría si las hicieras más tarde?

3) ¿Qué pasaría si te quitaras un poco de presión y tuvieras una visión más realista de lo que realmente puedes lograr en cada día?

____

____

____

____

____

____

____

____

____

____

Oración: Querido Señor, tengo tantas cosas que exigen mi atención y termino frustrado por no tenerlo todo hecho según mi calendario. Por favor, ayúdame a centrarme en lo que realmente importa y a quitarme un poco de presión para poder confiar en tu guía y tu fuerza. En el nombre de Jesús, ¡Amén!

Despedida

"No os dejaré como huérfanos; iré a vosotros".

Juan 14: 18

A menudo bromeo diciendo que mis hijos son mi segundo bolso, pero hay mucho de cierto en ello. Mis hijos me acompañan a casi todas partes. Los he llevado al trabajo muchas veces y los viajes a la tienda de comestibles son a menudo una excursión familiar. Incluso me acompañan cuando salgo a comer con amigos que no tienen hijos. No hace falta decir que tengo suerte si puedo ir al baño sola.

Luego vino el viaje de trabajo de cuatro días a Chicago. No era factible llevar a todos mis hijos conmigo, así que solo me llevé al más pequeño. Tenía muchos problemas de salud y no me sentía cómoda dejándolo.

El día antes del viaje, me desperté con un nudo en la garganta. No fue hasta el final del día que me di cuenta de que estaba triste porque tenía que estar lejos de mis dos hijos mayores durante 4 días. Me quedé despierta hasta las 3 de la mañana, cocinando múltiples comidas para que comieran mientras yo no estaba, aunque habrían comido, aunque yo no lo hubiera hecho. Escogí ropa para mi hijo durante esos 4 días. Me encontré dando vueltas en círculos. No había absolutamente nada que pudiera dejar a mis hijos que sustituyera mi presencia.

Me dijeron que, mientras estaba fuera, mi hijo estaba pegajoso cuando lo dejaban en la guardería. Mis llamadas telefónicas lo reconfortaban mientras le recordaba que pronto volvería a casa.

Dios sabía que sería difícil para nosotros vivir sin su presencia física aquí en la tierra. Por eso, cuando Cristo dejaba la tierra, prometió enviar al Espíritu Santo, el Consolador, para que habitara en nosotros y nos ayudara a caminar en la Verdad. Por lo tanto, nunca estamos solos.

"Pero cuando venga él, el Espíritu de la verdad, os guiará a toda la verda".

Juan 16:13

Profundicemos un poquito más

1) ¿Cómo te consuelas cuando tienes que despedirte de un ser querido?

2) ¿Qué pensamientos te vienen a la mente cuando piensas en la promesa de Juan 14:18 de que Dios no nos dejará huérfanos y que vendrá a nosotros?

3) No quedamos huérfanos gracias al Espíritu Santo que nos guía en toda la verdad (Juan 16:13). ¿En qué verdad te está guiando el Espíritu Santo?

____

Oración: Querido Señor, gracias por estar siempre ahí y por no abandonarme nunca. Gracias por tu Espíritu Santo que me guía hacia toda la verdad. Ayúdame a escuchar y seguir tu guía. En el nombre de Jesús, amén.

¿Puedes Venir?

"No te olvides de mostrar hospitalidad a los extraños, porque al hacerlo algunos han mostrado hospitalidad a los ángeles sin saberlo". Hebreos 13:2

Desde que vivo sola, me cuesta invitar a los amigos a casa. Los amigos pasan a recoger o dejar algunas cosas, a veces para ayudar a arreglar cosas en mi casa; pero normalmente no invito a la gente a mi casa para comer.

Tengo un amigo que conozco desde hace ocho años y creo que solo lo he invitado a mi casa tres o cuatro veces. Una de esas veces fue para la fiesta de cumpleaños de mi hija y las otras para compartir perritos calientes y hamburguesas para el Día del Trabajo o el Día de la Independencia.

Incluso en esas ocasiones, solo unos años después de conocerla la invité a mi casa. De vez en cuando, mi familia ampliada me visita para las fiestas, pero cada visita suele dejarme agotada física y emocionalmente. Me gusta pasar tiempo con la gente, pero ser anfitriona no es algo natural para mí.

Cuando cumplí treinta años, decidí cambiar eso. Empecé a invitar a la gente a comer a mi casa, al menos a una persona cada dos semanas. No tardé mucho en dejar de hacerlo. Todavía tengo muchos amigos a los que no he invitado a comer. Permití que mis ocupaciones me impidieran practicar la hospitalidad. Mi familia come todos los días, así que practicar la hospitalidad simplemente significa pedirle al menos a una persona más que se una a nuestra mesa, es así de simple.

Jesús pasó mucho tiempo en comunión con los creyentes a la hora de comer. Practicó su primer milagro durante una fiesta de bodas. También dio algunos de sus sermones durante las comidas. Tal vez ser como Cristo también implique fortalecer la fe de los demás con testimonios y la Palabra, todo ello mientras se disfruta de una buena comida; alimentando nuestros cuerpos y nuestras almas.

"Ofrezcan hospitalidad los unos a los otros sin rezongar". 1 Pedro 4:9

Profundicemos un poquito más

1) ¿Practicas la hospitalidad? ¿Con qué frecuencia y con quién? ¿Qué te inspiró a ser hospitalario?

___

___

___

___

___

___

___

___

___

2) ¿Te llama Dios a crecer en la hospitalidad? Si es así, ¿cómo puedes hacer más? ¿Qué actividades podrías planear? ¿Con quién te conectarías?

___

___

___

___

___

___

___

Oración: Querido Señor, gracias por ser siempre hospitalario conmigo. Ayúdame a dedicar tiempo a los demás y a relacionarme con los que más pueden beneficiarse de mi compañerismo. En el nombre de Jesús, amén.

Decepciones

«" Porque mis pensamientos no son vuestros pensamientos ni vuestros caminos son mis caminos," declara el Señor». Isaías 55:8

Una vez fui a un viaje de trabajo con mis colegas. Las reuniones fueron bien. Sin embargo, cuando llegamos al aeropuerto para nuestro vuelo de regreso, empecé a decirme a mí mismo «no logré mucho en este viaje».

Estábamos en un estado que nunca había visitado y tenía grandes planes para este viaje. Quería hacer algo de turismo y también hacer algo original en esa ciudad. Mientras caminaba por el aeropuerto, me di cuenta de que estaba decepcionada porque mis objetivos para este viaje no se habían cumplido.

La vida está llena de decepciones. Puede que no te seleccionen para el ascenso por el que tanto has trabajado. Es posible que tu hijo no pueda ir a una cita de juego muy esperada porque el compañero está enfermo, y mamá tampoco tendrá el descanso que esperaba.

Estar decepcionado es una parte natural de la vida, pero nuestra perspectiva sobre las decepciones es crucial. Una promoción perdida puede ser una oportunidad para explorar algo nuevo. Una cita de juego cancelada puede liberar tiempo para estrechar lazos y realizar actividades domésticas. Mientras caminaba por el aeropuerto después de mi «decepcionante» viaje de trabajo, tuve la oportunidad de elegir dejar de lado mis propios intereses para vivir por un bien mayor.

Las decepciones pueden abatirnos y destruir relaciones importantes en nuestras vidas si no mantenemos las cosas en perspectiva. Podemos optar por hacernos las víctimas, coger una rabieta, seamos jóvenes o mayores o, incluso construir muros para aislarnos de quienes nos decepcionan. Pero también podemos optar por dejar que Dios utilice nuestras decepciones para enseñarnos algo nuevo, algo importante.

"...en todos tus caminos sométete a Él, y Él enderezará tus sendas". Proverbios 3:6

Profundicemos un poquito más

1) ¿Qué situaciones te han decepcionado recientemente? ¿Qué has aprendido de ellas?

____

____

____

____

____

____

____

____

____

2) Si Dios te llama a cambiar tu forma de ver las decepciones, ¿qué podrías haber hecho diferente en las situaciones que acabas de mencionar?

____

____

____

____

____

____

____

____

Oración: Querido Señor, gracias por recordarme que, si te reconozco, harás que mis caminos sean rectos. Por favor, ayúdame a llevar mis decepciones a ti y a confiar en lo que haces en mí y a mi alrededor, incluso cuando estoy decepcionado. En el nombre de Jesús. Amén.

Esto No Es Lo Que Había Planeado

"Porque yo sé los planes que tengo para vosotros –declara el Señor–, planes de prosperidad y no de maldad, planes de esperanza y de futuro". Jeremías 29:11

La planificación es una habilidad muy buena. Nos mantiene centrados y organizados: planificamos nuestro día de trabajo, planificamos fiestas de cumpleaños… Yo planifiqué mi matrimonio, pero no necesariamente mi boda, esa es una historia para otro día. Soy la planificadora que nunca aprendió que algunas cosas no deben ser planificadas —suspiro—.

Me casé a los 21 años y después de muchas turbulencias me encontré como madre soltera de tres hijos. ¡Eso no es lo que había planeado! Planeé un matrimonio que durara para siempre, hijos que crecieran en una casa con ambos padres. Definitivamente no planeé que mis hijos revivieran mi infancia.

La sensación de haber fracasado me preocupó, durante mucho tiempo. Sí, ¡fracaso! Lo veía como un fracaso personal. Entonces empecé a encontrar a Dios a través de mi dolor. Ser una madre soltera me ha ayudado a apoyarme aún más en el Señor. Lo he convertido en mi Esposo, mi Consejero y mi Consolador.

Esta dolorosa experiencia también me ha acercado a los demás. Debido a lo que he pasado, soy capaz de relacionarme con los demás de una manera única. Incluso me encuentro ministrando a otras madres solteras fuera del trabajo. No sé qué me deparará el futuro, pero estoy segura de que Dios ha convertido lo que antes llamaba fracaso en algo hermoso.

"El Espíritu del Señor Soberano está sobre mí... y provee a los que se afligen en Sión, para otorgarles una corona de belleza en lugar de cenizas, el óleo de la alegría en lugar del luto, y un vestido de alabanza en lugar de un espíritu de desesperación" Isaías 61: 1a-3

Profundicemos un poquito más

1) ¿Qué cosa de tu vida no ha salido como habías planeado? ¿Cómo te ha afectado?

2) ¿Cómo se aplican Jeremías 29:11 e Isaías 61:3 a tu historia? ¿Qué te está diciendo Dios personalmente a través de esos versículos?

Oración: Querido Señor, sé que tienes buenos planes para mí. Ayúdame a apoyarme en ti cuando las cosas no salen como las planeé. Ayúdame a confiar mi vida en tus manos sin importar mis circunstancias. En el nombre de Jesús, amén.

Un Nivel Más Alto

"Inicien a los niños en el camino que deben seguir y aun cuando sean viejos no se apartarán de él no se apartarán de él".

Proverbios 22:6

Hace un tiempo, uno de mis hijos luchaba por decir la verdad. Las mentiras se usaban para salir de los problemas o para encajar. A veces, las mentiras se usaban para tratar de parecer «cool» a los ojos de los demás. Independientemente del motivo, las mentiras son mentiras y no existen las «mentirijillas».

Le expliqué a mi hijo que, si mentimos, la gente perderá su confianza en nosotros y no nos creerá, aunque digamos la verdad. Incluso le expliqué que mentir es un pecado. Pedí consejo a algunos padres experimentados y utilicé diferentes estrategias de crianza, pero nada parecía funcionar.

Como padres, queremos que nuestros hijos se conviertan en adultos responsables y en personas de buen carácter. Sin embargo, a veces parece que no conseguimos que cambien sus comportamientos, hagamos lo que hagamos. En el caso de mi hijo, decidí seguir estableciendo normas más estrictas y reforzar las consecuencias de su incumplimiento.

También decidí rezar por este niño más que antes, y fue entonces cuando empecé a ver resultados. Al principio, estos cambios parecían minúsculos en comparación con el comportamiento que yo esperaba, pero, sin embargo, eran «pasos de bebé» en la dirección correcta. A medida que avanzaba el tiempo, este niño se detenía en mitad de la frase y la cambiaba inmediatamente si no estaba revelando la verdad. ¡Eso es un progreso que me enorgullece!

Esta experiencia me hizo pensar en cómo nos esforzamos por cambiar los comportamientos de otras personas (amigos, familiares, compañeros de trabajo, etc.). Llegué a la conclusión de que todos mis esfuerzos por cambiar los comportamientos humanos fracasarán si no meto a Dios en la ecuación.

Además, Dios es el padre perfecto y debería ser nuestro punto de referencia. Así como Él nos modela cómo debemos actuar, modelemos también a nuestros hijos y a los demás lo que es correcto. Después de todo, las acciones hablan más que las palabras.

"Sed imitadores de mí, como yo también lo soy de Cristo". 1 Corintios 11:1

Profundicemos un poquito más

1) ¿Alguien que te importa está luchando con algunos comportamientos negativos? Tómate un momento y escribe una oración a Dios en su nombre.

2) ¿Cómo puedes modelar comportamientos positivos para esta persona? ¿Qué formas concretas y creativas puedes utilizar para enseñarles con el ejemplo?

Oración: Querido Señor, gracias por las personas en mi vida y por cómo me has bendecido con la responsabilidad de ser su mentor. Por favor, ayúdame a vivir lo que me has llamado a enseñarles. En el nombre de Jesús, amén.

Una Nueva Familia

"Dios pone a los solitarios en familia..."

Salmo 68:6

El 24 de octubre de 2004, me trasladé de Brazzaville, Congo, a Harrisburg, Pensilvania. La primera vez que entré en suelo estadounidense fue en los años noventa, cuando viví en la ciudad de Nueva York con mi familia mixta durante un año y medio. Era una niña en los noventa y cuando volví en 2004, era una joven adulta.

Las cosas eran diferentes y desafiantes. Mi mayor reto fue la soledad. Tengo muy pocos parientes de sangre en Estados Unidos y en aquella época estaban física o emocionalmente distantes. Por lo tanto, me encontré sola en una tierra extranjera.

Los dos primeros años la gente iba y venía, dejándome de nuevo con la sensación de soledad. No fue hasta finales de 2006 que el Señor satisfizo mi necesidad de pertenencia poniéndome en contacto con familias. Una de las amigas que conocí en el trabajo se convirtió en una madre para mí. Luego encontré una iglesia en la que todos me abrazaron como si fuera suya.

Muchos de ellos me presentaron a la gente como un miembro de su familia.

Ahora tengo personas con las que puedo compartir mis alegrías y problemas, personas que rezan conmigo y por mí, personas que me apoyan de forma tangible. Ya no me considero sola y perdida en una tierra extranjera

"...No tengas miedo; no te desanimes, porque el Señor, tu Dios, estará contigo dondequiera que vayas". Josué 1:9

Profundicemos un poquito más

1) Si has experimentado momentos de soledad, ¿qué te dice el Señor al respecto?

2) ¿Cómo pueden apoyarte los demás cuando te sientes solo? ¿Qué apoyo tangible necesitas?

3) Piensa en los lugares que frecuentas y en otras subcomunidades de tu entorno. ¿A quién puedes recurrir? ¿Dónde y cómo puedes empezar a construir tu sistema de apoyo?

____

____

____

____

____

____

____

____

____

____

Oración: Querido Señor, gracias por tu promesa de no dejarme ni abandonarme nunca. Gracias por poner a los solitarios en familias. Ayúdame a buscarte primero en mi soledad y a esperar en oración la familia que tienes para mí. En el nombre de Jesús, amén.

Él Puede Hacerlo de Nuevo

"Jesucristo es el mismo ayer, hoy y siempre".

Hebreos 13:8

Mientras estaba sentada en mi sofá con lágrimas corriendo por mi cara, comencé a pensar: ¡otra lesión, otro dolor, otra limitación, otro inconveniente, otro problema! La noche anterior estaba guardando los platos cuando un bol de cristal se me resbaló de la mano, chocó contra la encimera y se rompió.

Uno de los trozos rotos se deslizó por la encimera y me cortó el meñique izquierdo antes de caer al suelo. Fui a urgencias y volví a casa con cinco puntos de sutura. Me habían escayolado el brazo cinco meses antes de este incidente. Me había caído mientras patinaba -o al menos lo intentaba- y me lesioné el codo, la muñeca y el pulgar derechos. Tuve la escayola puesta durante tres largos meses de verano.

Mientras me sumergía en mis pensamientos esa mañana después de la lesión del meñique, no podía dejar de preguntarme cómo y por qué me había vuelto tan propenso a los accidentes. Entonces me centré en la fidelidad del Señor.

Con el accidente de patinaje, aunque me sentí incapacitada, las cosas salieron bien. Mis hijos, mi casa y mi trabajo fueron atendidos. Lo mismo ocurrió con el incidente de la cocina. En lugar de preocuparme por lo que no podía hacer, empecé a recordar todas las formas en que el Señor me había ayudado en el pasado.

"Dios es fiel..." 1 Corintios 1:9

Profundicemos un poquito más

1) ¿Cómo Dios te ha sido fiel?

____

____

____

____

____

____

____

____

____

2) Piensa en cosas con las que podrías estar luchando en tu vida y lee de nuevo Hebreos 13:8. ¿Qué te está diciendo Dios sobre esas situaciones difíciles?

____

____

____

____

____

____

____

____

____

Oración: Querido Señor, gracias por ser fiel en el pasado. Confío en que eres el mismo ayer, hoy y siempre. Por lo tanto, te agradezco por adelantado la fidelidad que mostrarás en mi situación actual. En el nombre de Jesús, amén.

Precioso

"Te alabo porque estoy hecho de manera temible y maravillosa; tus obras son maravillosas, lo sé muy bien". Salmo 139:14

Como muchas mujeres jóvenes, y todas las mujeres en realidad, luché con la imagen que tenía de mí misma. Cuando me miraba en el espejo, veía un reflejo que no me gustaba. A menudo me quejaba de mi peso, de mi pelo, de mi sección media, de mi altura y de cualquier otra cosa que se me ocurriera. En resumen, no me gustaba.

Mis pensamientos distorsionados se trasladaron de mi cuerpo a todo mi ser. Como no me gustaba mi aspecto, me disgustaba todo lo demás de mí. Pasé de no ser lo suficientemente guapa, a no ser lo suficientemente inteligente, no ser lo suficientemente amable, no ser lo suficientemente rica y la lista continuaba.

Me tomó un tiempo, pero por la gracia de Dios, finalmente comencé a verme como Dios me ve. Para poder verme como la criatura hermosa y maravillosa que Él hizo, no sólo tuve que cambiar mis pensamientos negativos por otros positivos, sino que también tuve que proclamar y seguir aceptando mi verdadera identidad en Cristo. Esta práctica me ayuda a recordar quién soy en Él.

Hoy, amo y acepto quien soy. Aprecio mis debilidades e imperfecciones porque me convierten en el individuo único que Dios hizo de mí. Me siento constantemente humilde por el hecho de que Él sabía lo que era mejor para mí y me hizo como soy. No me creó como otra persona, sino que se preocupó lo suficiente por mi identidad como para hacerme «única».

Aunque todavía quiero tener un peso saludable, doy gracias a Dios por haber creado la mujer tan especial que soy. En Él, soy hermosa por dentro y por fuera. Porque me veo como una persona hermosa, entonces quiero cuidar este cuerpo mío, que es el templo de Dios.

"Tu belleza no debe provenir de adornos externos, como peinados elaborados y el uso de joyas de oro o ropa fina. Más bien debe ser la de vuestro interior, la belleza inmarcesible de

un espíritu apacible y tranquilo, que es de gran valor a los ojos de Dios". 1 Pedro 3: 3-4

Profundicemos un poquito más

1) ¿Cómo te ves a ti mismo? ¿Hay partes de tu cuerpo o de tu personalidad que no te gustan? ¿De dónde crees que provienen esos pensamientos y sentimientos?

____

____

____

____

____

____

____

____

2) ¿Qué te haría falta para dejar de lado esos pensamientos y sentimientos? ¿Cómo te sentirías si te vieras como te ve Dios?

____

____

____

____

____

____

____

____

Oración: Querido Señor, te doy las gracias por haber sido hecho de forma bella y maravillosa. Te entrego mis pensamientos y sentimientos sobre mi cuerpo y mi personalidad. Por favor, ayúdame a verme como tú me ves, tanto por dentro como por fuera. En el nombre de Jesús, amén.

Soy Africana

"Porque no hay diferencia entre judíos y gentiles: el mismo Señor es Señor de todos y bendice abundantemente a todos los que le invocan". Romanos 10:12

Nací en África, fui criado por una madrastra estadounidense y luego me trasladé a los Estados Unidos, que se convirtió en mi segundo hogar. Todos mis hijos nacieron en este país. Hace algunos años que me convertí legalmente en ciudadana estadounidense, pero como algunos de mis amigos y familiares han dicho a menudo, no necesitaba un papel que me dijera que era estadounidense.

Cocino más comida americana que africana. Alguien me preguntó un día si pensaba en francés o en inglés. Nunca me lo había planteado, pero lo cierto es que me sorprendí pensando en inglés. En muchos sentidos, soy más americana que africana; pero incorporo mucho de mi cultura africana en mi vida, especialmente mis valores.

Una vez sorprendí a mi hija comiendo su risotto con los dedos. Estaba haciendo tal lío que le pedí que cogiera utensilios. Su respuesta fue: «¡Soy africana!». Asociaba ser africana con comer sin cubiertos —esto todavía me hace reír.

Todos queremos formar parte de algo más grande que nosotros mismos y a menudo utilizamos nuestra nacionalidad, raza y etnia para alcanzar ese objetivo. Teniendo eso en cuenta, Dios ha reservado un lugar donde no seremos africanos o americanos, un lugar donde todos seremos iguales y viviremos juntos en una hermosa y pacífica armonía. ¡Qué lugar tan maravilloso será!

"... y había delante de mí una gran multitud que nadie podía contar, de todas las naciones, tribus, pueblos y lenguas, de pie ante el trono y ante el Cordero..." Apocalipsis 7:9

Profundicemos un poquito más

1) ¿Con qué frecuencia te relacionas con personas de diferentes nacionalidades, razas y/o etnias? ¿Qué ha ganado o puede ganar con esas interacciones interculturales?

____
____
____
____
____
____
____
____

2) ¿Distingues entre tu nacionalidad terrenal y tu herencia celestial? ¿Cuáles son las similitudes y diferencias entre ambas?

____
____
____
____
____
____
____
____

Oración: Querido Señor, gracias por crear un lugar donde todos seamos uno e iguales. Ayúdame a abrazar a otros que son diferentes a mí aquí en la tierra y, al hacerlo, disfrutar de un pequeño sabor del cielo. En el nombre de Jesús, amén.

Menos es Más

"No os hagáis tesoros en la tierra, donde la polilla y el óxido destruyen, y donde los ladrones entran a robar. Pero acumulad tesoros en el cielo, donde ni la polilla ni el óxido destruyen, y donde los ladrones no entran ni roban; porque donde esté vuestro tesoro, allí estará también vuestro corazón. Corazón". Mateo 6:19-21

Ocho semanas después de mudarnos a nuestro nuevo adosado, nos encontramos con la casa llena. Los muebles, la vajilla, la ropa, los libros y los juguetes estaban colocados en sus nuevos lugares, pero aún quedaban «cosas»; cosas para las que no tenía espacio, aunque nos habíamos mudado a un lugar más grande.

Un par de meses más tarde llegaron las Navidades y los amigos y familiares empezaron a preguntar qué debían regalar a los niños. Cuanto más pensaba en ello, más me daba cuenta de que ya teníamos un exceso de todo y que no hacía falta más.

Nuestra sociedad nos ha acostumbrado a querer siempre más y más de todo. Nos convertimos fácilmente en acaparadores sin darnos cuenta. Acumulamos riquezas en la tierra que perecerán. Podemos pensar que no somos materialistas, pero si hacemos un buen inventario de nuestras pertenencias, nos daremos cuenta de que hay muchas cosas de las que podríamos prescindir.

Nuestras posesiones suelen consumir gran parte de nuestra atención, tiempo y energía. ¿Qué pasaría si intentáramos hacer con menos, mantener las cosas simples y arreglárnoslas sólo con lo necesario? Estoy seguro de que todos cosecharíamos menos estrés y más paz.

¿Qué hice con mi "exceso"? Doné muchos objetos a amigos, familiares y organizaciones benéficas. Mi casa parecía menos desordenada, pero todavía hay más cosas de las que podemos deshacernos y me sentí bien al dar a los demás. Ahora mi lema es «menos es más» y espero poder seguir inculcando este principio a mis hijos.

"Pero buscad primero su reino y su justicia, y todas estas cosas se os darán también".

Mateo 6:33

Profundicemos un poquito más

1) ¿Cómo sabes cuándo es «suficiente»? ¿Cómo puedes utilizar tu abundancia para satisfacer las necesidades reales de los demás?

2) ¿Qué significa «acumulad tesoros en el cielo»? ¿Cómo se puede lograr esto?

3) En este mundo obsesionado con las cosas, ¿qué ganancias físicas, emocionales y espirituales obtendrías si fueras más intencional en hacer la vida con menos?

____

____

____

____

____

____

____

____

____

____

Oración: Querido Señor, gracias por todas las cosas con las que me has bendecido. Ayúdame a ser consciente de dónde he elegido guardar mis tesoros. Que sea más intencional en la búsqueda de las cosas de arriba. En el nombre de Jesús, Amén.

Sobre el Autor

Chou Hallegra es la fundadora de Grace & Hope Consulting, LLC, una empresa de base cristiana, centrada en la persona y centrada en la comunidad, que ofrece formación, asesoramiento y consultoría. Como Consejera Cristiana Certificada y Entrenadora de Vida Espiritual, está comprometida a ayudar a las mujeres a caminar más cerca de Dios, a ser todo lo que fueron creadas para ser, y a disfrutar de la vida abundante que se les ha dado en Cristo. Chou y su familia viven en el centro sur de Pensilvania. Para saber más sobre Chou y su trabajo, visita

www.graceandhopeconsulting.com.

Contactar con Chou

- Para oración:

https://bit.ly/GraceHopeFBgroup

- Para alcanzar el bienestar emocional: https://www.facebook.com/groups/WAMEW/

- Para estar informado de sus futuros libros y su paradero:

https://www.facebook.com/ChouHallegra/

- Para invitarla a hablar:

chou@graceandhopeconsulting.com

www.ingramcontent.com/pod-product-compliance
Lightning Source LLC
LaVergne TN
LVHW050331160826
845677LV00014B/3594

* 9 7 9 8 8 4 6 7 4 1 7 5 1 *